Biblioteca Âyiné 20
Aqueles que queimam livros
Ceux qui brûlent les livres
George Steiner

© George Steiner, 2003
© Editora Âyiné, 2021
Todos os direitos reservados

Tradução Pedro Fonseca
Preparação Ligia Azevedo
Revisão Ana Martini, Andrea Stahel
Imagem da capa Julia Geiser
Projeto gráfico Renata de Oliveira Sampaio
ISBN 978-65-5998-002-4

Âyiné

Direção editorial Pedro Fonseca
Coordenação editorial Luísa Rabello
Coordenação de comunicação Clara Dias
Assistente de comunicação Ana Carolina Romero
Assistente de design Rita Davis
Conselho editorial Simone Cristoforetti, Zuane Fabbris, Lucas Mendes

Praça Carlos Chagas, 49 — 2º andar
30170-140 Belo Horizonte, MG
+55 31 3291-4164
www.ayine.com.br
info@ayine.com.br

Aqueles que queimam livros
George Steiner

Tradução de Pedro Fonseca

Âyiné

7	Aqueles que queimam livros
19	Povo do livro
33	Os dissidentes do livro

Aqueles que queimam livros

Aqueles que queimam livros, que banem e matam poetas, sabem exatamente o que fazem. Seu poder é incalculável. Precisamente porque o mesmo livro e a mesma página podem ter efeitos totalmente díspares sobre diferentes leitores. Podem exaltar ou aviltar; seduzir ou enojar; estimular a virtude ou a barbárie; acentuar a sensibilidade ou banalizá-la. De maneira verdadeiramente desconcertante, podem fazer as duas coisas, praticamente ao mesmo tempo, em um impulso tão complexo, tão híbrido e tão rápido em sua alternância que nenhuma hermenêutica, nenhuma psicologia podem predizer ou calcular sua força. A depender do momento da vida do leitor, um livro suscitará reações completamente diferentes. Na experiência humana, não há fenomenologia mais complexa do que aquela dos encontros entre texto e percepção, ou, como observa Dante, entre as formas da linguagem que ultrapassam nosso entendimento e os níveis de compreensão em relação aos quais nossa linguagem é insuficiente: «*la debilitate de lo'nielleto e la cortezza del nostro parlare*».

Mas nesse diálogo sempre imperfeito — os únicos que podem ser plenamente compreendidos são os livros efêmeros e oportunistas, cujo significado potencial se pode esgotar — pode-se ler um apelo à violência, à intolerância, à agressão social e política. Céline é o único de nós destinado a permanecer, dizia Sartre. Existe uma pornografia do teórico, até do analítico, assim como existe uma pornografia da sugestão sexual. As citações dos livros ditos «revelados» — o Livro de José, a Epístola de Paulo aos Romanos, o Corão, *Mein Kampf*, o Pequeno Livro Vermelho de Mao — são o prelúdio ao massacre, sua justificação. A tolerância e o compromisso requerem um contexto imenso. O ódio, a irracionalidade, a libido do poder são lidos rapidamente. O contexto desaparece na violência do assenso. Donde o dilema profundamente perturbador e problemático da censura. É sucumbir à hipocrisia liberal duvidar que certos textos, livros ou periódicos possam inflamar a sexualidade; que possam levar diretamente à mimese, à *imitatio*, chegando a dar a vagas pulsões masturbatórias uma terrível concretude e uma necessidade urgente de ser saciada. Como podem os libertários justificar o dilúvio de erotismo sádico que hoje invade as livrarias, as bancas e a internet? Com que meios defender essa literatura programática do abuso de crianças, do ódio racial e da criminalidade cega com os quais nos martelam incessantemente os ouvidos, os olhos e a consciência? Os mundos do ciberespaço e da realidade virtual estarão saturados de programas gráficos e revestidos de uma pseudoautoridade, de sugestões e exemplos validadores da bestialidade em relação a outros seres humanos, em relação a nós mesmos (a recepção, o prazer do *trash*, da baixeza, é automutilação do espírito). Estaria totalmente equivocado o ideal platônico da censura?

Por sua vez, os livros são a chave de acesso para nos tornarmos melhores. Sua capacidade de provocar essa transcendência suscitou discussões, alegorizações e desconstruções sem fim. As implicações metafóricas do ícone hebreu-helenístico do Livro da Vida, do Livro da Revelação, da identificação da divindade com o *logos*, são milenárias e não têm limites. Desde os sumérios, os livros foram os mensageiros e os cronistas do encontro do homem com Deus. Muito antes de Catulo, eles foram os mensageiros do amor. Acima de tudo, assim como algumas obras de arte, encarnaram a ficção suprema de uma vitória possível sobre a morte. O autor deve morrer, mas suas obras sobreviverão, mais sólidas que o bronze, mais perenes que o mármore: «*exegi monumentum aere perennius*». A *polis* que celebra Píndaro perecerá; a língua na qual a celebrou pode morrer e se tornar indecifrável. Mas, por meio do rótulo, por meio do elixir da tradução, a ode pindárica sobreviverá, continuará cantando através dos lábios lacerados de Orfeu enquanto a cabeça morta do poeta flui na corrente até o país da lembrança. Um erro tipográfico pode imortalizar. Traduzindo Villon, Thomas Nashe havia escrito «*a brightness falls from her hair*»; o impressor elisabetano se confundiu e escreveu «*a brightness falls from the air*», que se tornou um dos versos-talismã de toda a poesia de língua inglesa.

O encontro com o livro, assim como com o homem ou a mulher, que vai mudar nossa vida, frequentemente em um instante de reconhecimento do qual não se está consciente, pode ser completamente casual. O texto que nos converterá a uma fé, nos fará aderir a uma ideologia, dará a nossa existência um fim e um critério, pode estar a nos esperar na estante dos livros em promoção, dos livros usados e com desconto. Talvez empoeirado e esquecido, na estante exatamente ao lado do livro que procurávamos. A estranha sonoridade da palavra impressa na capa gasta pode atrair nossa atenção: *Zaratustra, Westöstlicher Divan, Moby Dick, Horcynus Orca*. Enquanto um texto sobrevive em algum lugar desta terra, ainda que em silêncio ininterrupto, é sempre capaz de ressuscitar. Walter Benjamin o ensinava, Borges construiu sua mitologia: um livro autêntico jamais é impaciente. Ele pode esperar séculos para despertar um eco vivificante. Pode estar à venda pela metade do preço em uma estação metropolitana, como foi o caso do Celan que descobri por acaso e abri. A partir daquela circunstância fortuita, minha vida se transformou, e tentei aprender «uma língua ao norte do futuro».

Essa transformação é dialética. Suas parábolas são aquelas da anunciação e da epifania. A gênese da criação literária não nos é dada a conhecer! Não temos, por assim dizer, nenhum acesso à possível neuroquímica do ato de imaginação e dos seus procedimentos. Até mesmo o rascunho mais informe de um poema é já uma etapa muito tardia na viagem que conduz à expressão e ao gênero performativo. O crepúsculo, o «antes do alvorecer» e as pressões à expressão que se exercem no subconsciente são praticamente imperceptíveis para nós. Mais concretamente: como é possível que incisões sobre uma tábua de argila, alguns traços de caneta ou lápis frequentemente pouco legíveis sobre um papel frágil, constituam uma persona — uma Beatriz, um Falstaff, uma Anna Kariênina —, cuja substância, para inumeráveis leitores ou espectadores, ultrapassa a própria vida em sua *realidade*, em sua presença fenomênica, em sua longevidade encarnada e social? (Esse enigma da persona fictícia, mais viva, mais complexa que a existência de seu criador e de seu receptor — aquele homem ou aquela mulher são tão belos como Helena, tão complexos como Hamlet, tão inesquecíveis como Emma Bovary? — é a questão central, mas também a mais difícil, da poética e da psicologia.)

A imagem clássica foi aquela da criação divina, de Deus criando o mundo e o homem. Explicitamente ou não, o grande escritor ou o grande artista foi visto como um simulacro do decreto divino. Com frequência, sentiu-se o rival amargo ou amante de Deus, seu concorrente no ato de invenção e de representação. Para Tolstói, Deus era «o outro urso na floresta», que ele deveria afrontar, contra o qual era necessário lutar. Toda a metáfora da «inspiração», tão antiga quanto as musas ou o sopro de Deus na voz do vidente ou do profeta, é uma tentativa de justificar as relações miméticas entre a *poiesis* sobrenatural e a *poiesis* humana. Com uma diferença capital, porém. O problema da criação divina *ex nihilo* foi debatido em todas as grandes teologias e em todas as grandes narrações mitológicas do mistério do início (*incipit*). Mesmo o maior escritor entra na casa de uma linguagem já existente. Ele pode, dentro de limites muito estreitos, criar neologismos; como Pascoli, pode tentar insuflar vida nova às palavras, «inspiração», até mesmo em línguas mortas. Mas não cria sua poesia, sua peça ou seu romance «a partir do nada». Em teoria, cada texto literário concebível já está potencialmente presente na língua (daí a fantasia borgiana da biblioteca total de Babel). Nem por isso deixamos de não saber nada da alquimia da escolha, da disposição fonética, gramatical e semântica que produz o poema perene, da *dramatis personae* da peça ou do romance. E, com o abandono progressivo da imagem da criação divina, do conceito da inspiração sobrenatural, nossa ignorância se aprofunda.

Do outro lado da dialética, as questões são quase igualmente desconcertantes. Qual é, precisamente, o grau de existência de um poema ou de um romance que não é lido, de uma peça jamais levada aos palcos?

A recepção, ainda que tardia, mesmo por uma minoria esotérica, é indispensável para a vida de um texto? Se sim, de que maneira? O conceito de leitura, concebido como processo que pertence fundamentalmente à colaboração, é intuitivamente convincente. O leitor sério trabalha com o autor. Compreender um texto, «ilustrá-lo» no âmbito da nossa imaginação, da nossa memória, da nossa representação combinatória, é, nos limites de nossas possibilidades, *recriá-lo*. Os maiores leitores de Shakespeare e Sófocles são os atores que dão vida às palavras. Decorar um poema é como encontrá-lo na metade do caminho da viagem sempre surpreendente de sua vinda ao mundo. Em uma «leitura bem-feita» (Péguy), o leitor faz com ele algo paradoxal: um eco que reflete o texto, mas também que responde com suas próprias percepções, suas necessidades e seus desafios. Nossas intimidades com um livro são, portanto, completamente dialéticas e recíprocas: lemos o livro, porém, mais profundamente talvez, o livro nos lê.

Mas por que o arbítrio, a natureza sempre contestável dessas intimidades? Os textos que nos transformam podem ser, de um ponto de vista tanto formal quanto histórico, banalidades. Assim como um refrão da moda, um romance policial, uma notícia sem importância, o efêmero pode irromper na nossa consciência e penetrar no mais profundo de nós mesmos. O cânone do essencial varia de um indivíduo para outro, de uma cultura para outra, mas também de um período da vida para outro. Alguns livros são considerados magistrais na adolescência, mas tornam-se ilegíveis mais tarde. Outros são repentinamente redescobertos na cena literária ou na vida privada. A química do gosto, da obsessão, do rechaço é quase tão estranha e indecifrável quanto a da criação estética. Seres humanos muito próximos entre si por suas origens, sensibilidade e ideologia podem adorar o livro que todos detestam, consideram *kitsch* aquilo que apontam como uma obra-prima. Coleridge falava de «átomos enganchados», da consciência que se entrelaça de maneiras imprevisíveis. Goethe falava de «afinidades eletivas». Mas são apenas imagens. A cumplicidade entre o autor e o leitor, entre o livro e a leitura que fazemos dele, é tão imprevisível, tão vulnerável à mudança, e está tão misteriosamente arraigada como aquela do *eros*. Ou, talvez, do ódio. Existem, de fato, textos inesquecíveis que nos transformam e que terminamos por odiar. Não suporto ver no teatro nem posso ensinar *Otelo*, de Shakespeare, mas a versão de Verdi me parece, sob diferentes pontos de vista, a mais coerente, quase um milagre.

O paradoxo do eco vivificante entre o livro e o leitor, a troca vital de confiança recíproca dependem de certas condições históricas e sociais. «O ato clássico de leitura», da maneira como tentei definir no meu trabalho, requer silêncio, intimidade, cultura literária e concentração. Na ausência de tais elementos, uma leitura séria, uma resposta aos livros que seja também responsabilidade, é irrealista. Ler, no verdadeiro sentido da palavra, uma página de Kant, um poema de Leopardi, um capítulo de Proust, é ter acesso aos espaços do silêncio, às salvaguardas da intimidade, a determinado nível de formação linguística e história pregressa. É ter livre acesso a instrumentos que ajudam a compreensão, como dicionários, gramáticas e obras de valor histórico e crítico. Desde os tempos da Academia ateniense até meados do século XX, muito esquematicamente, tal condição era a própria definição. Em maior ou menor medida, sempre foi o privilégio, o prazer, a obrigação de uma elite. Da Biblioteca de Alexandria àquela de são Jerônimo, da torre de Montaigne ao escritório de Karl Marx no British Museum, as artes da concentração — que Malebranche definia como «a piedade natural da alma» — tiveram sempre uma importância essencial na vida do livro.

É uma banalidade constatá-lo: essas artes, em nossos dias, são amplamente erodidas; tornaram-se uma «ocupação» universitária cada dia mais especializada. A maior parte dos adolescentes americanos não sabe ler em silêncio; há sempre uma música mais ou menos amplificada ao fundo. A intimidade, a solidão que permite um encontro profundo entre o texto e sua recepção, entre a letra e o espírito, é hoje uma singularidade excêntrica, psicologicamente e socialmente suspeita. É inútil nos determos a respeito do declínio do nosso ensino médio, em seu desprezo à aprendizagem clássica, ao estudo mnemônico. Uma espécie de amnésia planificada prevalece atualmente nas escolas.

Ao mesmo tempo, vocês sabem melhor do que eu que o formato do livro em si, a estrutura do copyright, da edição tradicional, da distribuição nas livrarias, está em plena transformação, para não dizer revolução. Os autores já podem chegar aos seus leitores pela internet, entrando em contato direto com eles (assim foi «publicado» o último livro de John Updike). Cada vez mais se lê on-line, na tela do computador, ou se compra pela internet. Oitenta milhões de volumes da Biblioteca do Congresso, em Washington, só estão disponíveis digitalmente. *Ninguém*, por mais bem informado que seja, pode prever aquilo que acontecerá com o próprio conceito de autor, de textualidade, de leitura pessoal. Sem sombra de dúvida, essas evoluções são maravilhosamente eletrizantes. Cada vez mais, livros escritos, editados, publicados e comprados «à maneira antiga» pertencerão às «belas-letras», àquilo que os alemães chamam, perigosamente, de *Unterhaltungsliteratur*, a «leitura fácil». Cada vez mais, a ciência, a informação, o saber em todas as suas formas serão transmitidos e registrados por meios eletrônicos. As rachaduras já grandes na nossa cultura e nas nossas letras só vão aumentar. Daí a extrema importância desta feira do livro na orgulhosa cidade de Alfieri e Nietzsche. Mais do que nunca, necessitamos dos livros, mas eles também necessitam de nós. Que privilégio maior pode existir do que estar ao seu serviço?

Turim, 10 de maio de 2000

Povo do livro

I

O «povo do livro» é uma designação ao mesmo tempo gloriosa e ambígua, cuja singularidade, cuja causa de alumbramento, escapa-nos com muita frequência. (À noite, na casa de Nadine Gordimer: «Vocês que são o povo do livro».) Um título que não foi atribuído, pelo que eu saiba, a outra comunidade histórica e étnica. Todavia, não é fácil dar a essa nobre designação um sentido preciso, *a fortiori* unificado.

Israel e o judaísmo como origem, fonte e guardião eleito das Sagradas Escrituras. Como transmissores diretos dos mandamentos de Deus e da sua revelação, segundo diz a Torá, como a comunidade em que nasceram os textos do Salmo, dos profetas, da literatura sapiencial, de Jó (ele mesmo claramente não israelita!), reunidos na Bíblia hebraica canônica antes de dar origem, por sua vez, ao Novo Testamento, cujos autores são, inevitavelmente, judeus, tanto por etnia quanto por herança. A «bibliografia do universal», tal como está anunciada nas duas imagens ou metáforas-chave do Livro da Vida e do Livro da Revelação, é judia tanto por origem quanto por contexto. Quando Deus ordena a Ezequiel que consuma o rótulo onde o profeta havia gravado a dieta divina, quando lhe ordena que faça do texto uma parte de sua identidade corpórea e mental, faz da fusão do livro com a pessoa uma obrigação para o judeu. Para usar uma palavra secular da época vitoriana, dando-lhe toda a sua força, somos *bookmen*, homens (mulheres?) do livro, assim como somos judeus.

Um «povo do livro», em referência à imersão da cultura judaica, da sensibilidade e da história naquilo que hoje chamamos de textualidade. Antígona evoca a autoridade eterna da lei não escrita (*agraphoi nomoi*). O ato de incidir no Sinai e, inesgotável em seu simbolismo, de reescrita das novas tábulas faz da lei no judaísmo uma textualidade, um ato, um escrito e um prescrito a venerar, interpretar, comentar e aplicar em diálogo incessante entre a palavra escrita e seus leitores. Trata-se verdadeiramente de legislação, caso a etimologia nos permita remeter *lex* a *ler*. Sabemos, que fique claro, o papel vital da tradição oral no judaísmo, do ensinamento e da transmissão oral. Mas essa oralidade é compartilhada com inumeráveis culturas e credos. A obsessão pelo texto, na verdade pela santidade absoluta do único marcador fonético (a destruição do rótulo), desde depósito da lei na Santa Arca até a Casa do Livro, hoje em Jerusalém, torna o judaísmo um caso único.

Outras nações prosperaram ou desapareceram dentro das fronteiras geográficas ou linguísticas. Elas definiram sua identidade em relação a um pedaço de terra, ao *Blut und Boden*, à «terra dos mortos», à *ager sacrum*, ou a essa «pedra preciosa em um mar de prata». O povo de Abraão era nômade, e durante a maior parte de sua história errou desde Ur. Assediado por perseguições sem fim, reduzido ao exílio e refugiado, o judeu foi expulso de uma terra a outra, através dos oceanos, para moradas muitas vezes brilhantemente criativas, mas fundamentalmente estrangeiras ou temporárias. Ficou exposto, sem abrigo entre os homens.

Como conseguiu resistir e sobreviver quando povos mais antigos, não menos produtivos, como o egípcio, o grego, o romano ou, ainda, os Estados principescos da América Central desapareceram?

O papel do livro, da Torá e da enorme quantidade de comentários de que necessitou e que inspirou foi primordial. Enquanto pudesse levar consigo as Escrituras, estudá-las incansavelmente, anotá-las, glosá-las, comentá-las, o judeu poderia preservar sua identidade, frutificá-la. Daí este verdadeiro escândalo: o primeiro e mais sagrado dos mandamentos não é «Honra o Senhor teu Deus», nem «ama teu próximo», mas «estudarás todo dia a Torá» (as delícias de Leibowitz). Enquanto um judeu o fizer, nem ele nem sua comunidade desaparecerão da Terra. Nossa verdadeira pátria não é um pedaço de terra cercado ou defendido por armas; todas as terras como essas mais cedo ou mais tarde podem desaparecer e requerem injustiça para sobreviver. Nossa verdadeira pátria sempre foi e sempre será um texto.

O valor moral, a dignidade intelectual da condição «livresca» do judeu não está em questão. Mas sempre houve um aspecto negativo.

A crítica ou a rejeição (paradoxal?) da escrita e dos textos por Platão toca inevitavelmente em elementos problemáticos do patrimônio judaico. O *corpus* prescritivo e normativo dos escritos canônicos levou a gerações de memorização automática, sem reflexão (o paradoxo é que a escritura tornada autoridade engendra a transmissão oral simulando a oralidade, tornando-a repetitiva). O texto dominador, mas silencioso, não permite a dinâmica vivaz do questionamento, da revisão, da refutação crítica. Sufoca a criatividade da dúvida. Em um sentido radical, a ortodoxia é escrita, seja a Torá ou a lei, ou ainda nessa construção profundamente judaica que é a arquitextualidade do marxismo e de seus exegetas despóticos. Os textos sacros suscitam comentários sem fim e comentários aos comentários («a fabricação dos livros é sem fim», diz Qohélet). Mas essa produção interminável é parasitária, secundária e, em definitivo, estéril; como um rio de areia no deserto da Namíbia. Leva a maçantes discussões do *pilpoul* (aqui também, a presumida dialética da escolástica marxista e pós-marxista deixa entrever seu precedente talmúdico).

Teríamos aqui tocado por acaso um tema capital, mas tabu? O tema da não criatividade judaica em literatura e, salvo honrosas exceções, em boa parte da história da filosofia? *Claro*, há a poesia hebraica e hebraico-árabe de grande qualidade na Idade Média; *claro*, Espinosa é uma figura de primeira grandeza. Mas o verdadeiro contexto é aquele do comentário talmúdico, midráshico, mishnaico entre os rabinos. A própria noção de literatura profana, de especulação metafísica desinteressada, é estranha ao gueto e, praticamente até os dias de hoje, ao centro da vida espiritual judaica. Nos casos em que a criatividade espontânea (o hebreu não tem uma palavra exata para *poiesis*) irrompe, as circunstâncias são híbridas e historicamente tardias. Há uma ascendência hebraica em Montaigne; Proust é um meio judeu envergonhado; Hofmannsthal, um herdeiro da assimilação batizado; Mandelstam e Pasternak habitam um simbolismo cristológico, como se quisessem supercompensar as origens judaicas. O destino quase esquizofrênico de Heine faz sombra sobre as reflexões literárias judias. Será necessário esperar Kafka e os últimos mestres do romance americano — Malamud, Henry e Philip Roth, Mailer e Saul Bellow, Agnon, Isaac Bashevis Singer — e o melhor da poesia e ficção israelense atual para que o longo monopólio da textualidade ritual e jurídico-exegética do judaísmo se rompa efetivamente.

Daí a eterna acusação de esterilidade feita pelos não judeus e pelos judeus céticos, incluído aí um «ódio de si mesmo». Em Otto Weininger, o motivo da impotência judaica, da mentalidade derivada, da sensibilidade limitada se torna histeria suicida. A suspeita de que o gênio próprio do judaísmo, e ao mesmo tempo sua desgraça, seja aquele do jornalismo, dos meios de comunicação, obceca Karl Kraus. É de fato inquietante ver um Wittgenstein retornar continuamente à ideia de que os dons intelectuais dos judeus sejam por natureza de segunda ordem, sobretudo sua capacidade de fornecer contribuições à lógica formal, que é uma investigação quase talmúdica típica de um professor, e não às invenções filosóficas, *a fortiori*, poéticas e narrativas da grandeza (Platão, Kant, Goethe, Dostoiévski). O judeu livresco e pedante, que murmura incansavelmente os textos rituais e litúrgicos decorados e recitados mecanicamente, faz parte do repertório iconográfico do antissemitismo.

Mas a acusação é mais profunda. Sócrates e Jesus não escreveram. Muito provavelmente o segundo era iletrado. As descobertas filosóficas, no caso do primeiro, as revelações de inspiração divina, no caso de Jesus, são orais. Nascem da cara a cara, da vitalidade metafórica da palavra falada. Dessa diferença, o cristianismo fará aquela da letra e do espírito. A sinagoga é cegada por seu «literalismo», por seu fechamento nas estáticas minúcias do texto e do comentário, por sua idolatria à letra. O cristianismo, em simbiose com o neoplatonismo, busca o livre pneuma do espírito, o *Geist* que contém em si o próprio sopro vital. O judeu se consagra de maneira sempiterna à ingrata tarefa filológica; o cristianismo e seus herdeiros ou dissidentes filosóficos seguem a via régia do ser animado. Era uma crítica terrivelmente penetrante. A sensibilidade judaica foi inevitavelmente ferida.

Essas cicatrizes podem dar frutos desconcertantes. Todo o movimento da desconstrução, que hoje domina os estudos humanísticos, nasce de uma rebelião judaica contra a autoridade, a estabilidade e as pretensões transcendentais da textualidade, na verdade do discurso racional ou por ele inspirado. Mais ou menos em revolta consciente contra uma fé e uma moral incapazes de impedir a odiosa barbárie da Shoá, de prevenir contra ela, a desconstrução derridiana e o pós-modernismo que compete com ela se esforçam por abolir o contato entre a palavra e o mundo, entre o *logos* e o sentido, que, literalmente, subjazeu à promessa de Deus a Israel. Não há, diz-se, nem começo nem *breshit*, tampouco nenhuma equivalência durável ou garantida entre significante e significado, intencionalidade e sentido demonstrável. Os marcadores semânticos, sempre segundo Derrida, não poderiam ter sentido estável, consensual, «senão dirigidos para a face de Deus» — condição atualmente considerada absurda. Todas as proposições estão, continuamente, sujeitas à incompreensão, à autossubversão, à transmutação em um eterno jogo autorreflexivo de possibilidades. Tomando um conceito da psicanálise — a ciência cristã dos judeus —, a desconstrução é uma revolta edipiana, um homicídio do pai. Ela aspira a demolir o logocentrismo patriarcal que, durante milênios muitas vezes trágicos, impôs às tradições judaicas, mas não apenas a elas, seus imperativos prescritivos. É preciso romper uma segunda vez as Tábuas da Lei. Sua terceira versão permanecerá não escrita; a palavra-chave aqui é «apagar». Não houve «verbo no início»; não haverá no final.

Essas sugestivas acrobacias niilistas — a sátira depois da inefável tragédia — são, por sua vez, uma nota de rodapé de mudanças mais amplas. Na equação da qual nos ocupamos aqui, entre um povo e o livro, os dois termos estão hoje em plena transformação.

II

A invenção do tipo móvel por Gutenberg foi uma extensão, uma aceleração e uma multiplicação do manuscrito. A revolução eletromagnética atual é uma mutação de ordem incomparavelmente mais revolucionária. Estamos apenas começando a entender as novas formas do sentido, da comunicação, do armazenamento de dados. A internet implica uma nova metafísica da consciência, tanto individual quanto social. Algo como vinte milhões de volumes estão acessíveis on-line na Biblioteca do Congresso de Washington; todo dia, três milhões de bytes de novas informações e referências entram no sistema. Em Paris, a Biblioteca François Mitterrand conta com três departamentos principais: uma midiateca, uma fonoteca e uma iconoteca. Mas mesmo esses gigantescos depósitos conservam um arquivo de caráter local em comparação com a rede, que é verdadeiramente a *bibliotheca universalis* de Leibniz: uma biblioteca ilimitada, uma galeria de quadros, um painel de anúncios e um banco de dados em escala, em breve, de acesso planetário. Além disso, a internet é inteiramente interativa, permitindo a formação constante de grupos em rápida evolução: comunidades de trocas e de diálogo, mas também de trabalho colaborativo e consulta. A página é dinâmica, «em ação», como nenhuma outra textualidade anterior poderia ser. Em breve, novos serviços eletrônicos permitirão aos leitores carregarem em seus computadores portáteis de tela flexível qualquer material textual ou gráfico de sua escolha. A Penguin colocou um milhão de clássicos na Microsoft. O «papel eletrônico», que a Xerox anunciou, pode ser reutilizado milhares de vezes; podemos conectá-lo enquanto uma «varinha mágica de busca» permitirá consultar volumes inteiros em uma velocidade incrível. «A arte da fabricação do livro», proclama o MIT, «estará tão superada em 2020 como hoje está a arte do ferreiro». Claro, o livro como o conhecemos continuará a ser publicado, assim como se continuou a fazer manuscritos por quase oitenta anos após Gutenberg. Mas estará cada vez mais circunscrito ao âmbito estético e literário. Daqui por diante, é certo que a leitura vai se tornar um tráfico eletrônico constante, mais do que uma atividade solitária, e que a escrita — mesmo aquela do romancista — será uma troca aberta, on-line, entre o autor e o público (cf. Updike). Isso não é de forma alguma ficção científica.

As tradições da textualidade, do respeito às Sagradas Escrituras, da memorização e do comentário, que são o coração do judaísmo após a destruição do Segundo Templo, estão em larga medida perdidas. Elas perduram na ortodoxia e em seus yeshivás, assim como nos confins do conservadorismo. Safed é um lugar isolado. O «povo do livro» dos nossos dias é sem dúvida o islâmico. A ausência geral de cultura profana, de ensinamento superior e de sistemas de valores científicos e técnicos dá ao Corão uma centralidade, uma potência na vida cotidiana, um monopólio referencial praticamente obsoleto no judaísmo de fins do século XX. (Uma vez mais, a forte hostilidade entre judeus e árabes não deixa de ser paradoxal.)

Há, além disso, profundas antinomias entre alguns fundamentos normativos do judaísmo e as novas *post-literacies*. A iconoclastia e a proibição da imagem são a raiz do monoteísmo mosaico e profético (assim como do islã). Pois bem, é precisamente a imagem, em suas formas variadas e reproduzíveis ao infinito, que dominará a consciência futura. Desde já, a língua, em particular aquela que leem os jovens, se reduz à legenda das imagens. Em um nível certamente comercial, não filosófico, a predominância judaica, sobretudo nos Estados Unidos, nos meios de comunicação de massa e no cinema, na televisão e na publicidade, é um exemplo ulterior dessa revolta edípica contra o domínio milenar do verbo revelado e legislador sobre o judaísmo.

Um despotismo bárbaro, que tentará hoje atingir e humilhar os judeus, queimando um *livro*?

Se o próprio conceito está em plena tormenta, o que dizer daqueles que são conhecidos, há tanto tempo, como «seu povo»? A promessa de Deus a Abraão, o anúncio da Terra Santa a Moisés, a profecia de Amós do retorno ao país permanecem os textos que justificam e validam, que, literalmente, subjazem à existência de Israel. Para o ortodoxo e o fundamentalista, nenhum problema. Mas como um espírito moderno, homem ou mulher, muito provavelmente agnóstico, invocará as escrituras arcaicas? Assim, inevitavelmente, as relações do Estado de Israel com o livro são ambíguas; no pior dos casos, tomadas por um cinismo convencional.

Dentro da diáspora, como mostramos, não sobrevive muito da posição de centralidade dos textos sagrados na vida comunitária. Mesmo que floresçam em um literalismo obstinado, as comunidades ortodoxas constituem um fenômeno arcaico. Como Israel sabe muito bem, esse fenômeno pode lançar graves desafios políticos e sociais, mas de que modo se trata de uma força espiritual, *a fortiori* intelectual, inovadora? Ademais, quem — com exceção talvez de Soloveitchik — representou uma autêntica voz moral proveniente de dentro de seus muros, muitas vezes repletos de fanáticos? No judaísmo em geral, as vozes filosóficas modernas são muito raras e, veja Bergson e Wittgenstein, com pouca ligação com o judaísmo e seu patrimônio. Foi nas ciências, nos meios de comunicação, no comércio, nas finanças e na força militar que se manifestaram as energias do judeu moderno — frequentemente com um estranho resultado. Com mais força do que na Espanha medieval ou na Tessalônica dos tempos modernos, a comunidade judaica americana ilustra, forma e celebra o *ethos* nacional. Milhões, por assim dizer, caminham, riem e choram como Woody Allen. Os gigantes da modernidade judaica não meditam nem vivem mais a Torá. Zombam dela, como Karl Marx, ou tentam referi-la aos egípcios, como Freud.

Os elementos positivos são evidentes. Por meio de Israel a sobrevivência se tornou um milagre tanto necessário quanto realista. A contribuição dos judeus ao saber, à tecnologia, aos recursos econômicos do planeta é magnificamente superior ao número efetivo de judeus.

Os perigos, todavia, não são menos reais. O judeu se homologa como os outros, com uma diferença: ele ganha mais dinheiro e luta com mais energia. Fora da ortodoxia e do conservadorismo, a assimilação progride lentamente, mas o faz rapidamente na diáspora. O judaísmo se esgota na mais destrutiva das condições favoráveis: a normalidade. Em Israel, os imperativos da sobrevivência nacional, do desenvolvimento econômico ou simplesmente das maravilhas da vida cotidiana *tiveram* que triunfar sobre esse luxo representado por uma vida intelectual vivaz e pela investigação filosófica. (Cf. Scholem, Abarbanel Street.)

Fomos sempre um povo à parte. Por causa do ódio e do ciúme dos outros, mas não apenas. Em primeiro lugar, em virtude de uma visão e de uma vocação única. Um povo *krank an Gott*, infectado pelo câncer do pensamento. «Rabino» quer dizer «mestre». Única entre os povos da terra, nossa liturgia prevê uma bênção para aqueles que têm um estudioso na família. Nos campos de extermínio, sabemos, alguns homens, que sabiam de cor a Torá e longas passagens do Talmude, agiram como «livros viventes», que os companheiros de prisão podiam «consultar». Temos conhecimento de debates teológico-metafísicos que aconteciam de noite, a dois passos da câmara de gás. Debates sobre detalhes ou variantes mínimas nos nossos textos sagrados. Em meu juízo, somente essa grande loucura, essa irresistível sede de saber e de exercício intelectual, podem justificar e assegurar nossa sobrevivência milenar extraordinária.

Não é pela Metro-Goldwyn-Mayer ou pela Bolsa, não é pela publicidade, pela internet ou pelo domínio imobiliário de Manhattan; não é, eu ousaria dizer, por um pedaço de terra, ainda que indispensável, que Giora deu sua vida insubstituível. São motivações por demais pequenas.

Tel Aviv, 4 de novembro de 1999

Os dissidentes do livro

Em uma Casa do Livro se esqueceu rapidamente que os livros não são um fato nem universal, nem inevitável. Que são inteiramente vulneráveis ao fim e à destruição. Que têm sua própria história, como todas as outras construções humanas, na qual começos implicam a possibilidade e a eventualidade de um encerramento.

Desses começos, não sabemos muita coisa. Na China, os textos de caráter ritual ou didático remontam sem dúvida ao segundo milênio da nossa era. As távolas administrativas e comerciais dos sumérios, os protoalfabetos do Mediterrâneo oriental, nos falam de uma evolução complexa, cujos detalhes cronológicos ainda hoje nos escapam. Na nossa tradição ocidental, os primeiros «livros» são távolas que continham a lei, as transações comerciais, instruções médicas ou projeções astronômicas. As crônicas históricas, intimamente ligadas à arquitetura triunfalista e às comemorações vingativas, precedem certamente tudo aquilo que conhecemos sob o nome de «literatura». A epopeia de Gilgamesh e os primeiros fragmentos datáveis da Bíblia hebraica são tardios, mais próximos do *Ulisses* de Joyce que de suas origens, aquelas do canto arcaico e da recitação oral.

Este é o ponto central. A escrita é um arquipélago no meio de uma imensidão oceânica da oralidade humana. A escrita, para não falar dos livros em suas diferentes formas, constitui um caso à parte, uma técnica particular em um conjunto semiótico largamente oral. Dezenas de milhares de anos antes da elaboração das formas escritas, a humanidade contava fábulas, transmitia doutrinas religiosas e mágicas, compunha encantamentos ou anátemas. Conhecemos uma infinidade de comunidades étnicas, mitologias sofisticadas e tradições populares naturais sem verdadeira «literatura». Não conhecemos nenhuma população, neste planeta, que ignore a música. Sob a forma de canção ou composição instrumental, ela parece ser universal. É o idioma fundamental da comunicação da sensibilidade e dos sentidos. Ainda hoje, as estatísticas da alfabetização devem ser lidas com cautela. Uma boa parcela da população deve, no melhor dos casos, se restringir a textos rudimentares. Ela não lê livros, mas canta e dança.

A sensibilidade ocidental, habituada a reconhecer os sinais de um passado ainda visível em nós, tem uma dupla fonte: Atenas e Jerusalém. Mais exatamente: nossas heranças sobre o plano do pensamento e da ética, nossa leitura da identidade e da morte vêm de Sócrates e de Jesus. Nenhum dos dois pertence à esfera dos autores, menos ainda da publicação. Um bom tema para reflexão (em um gracejo um tanto sinistro a Harvard!).

Em toda essa profusão de presenças — inexplicáveis na sua complexidade e prodigalidade — de Sócrates nos diálogos de Platão e nas memórias de Xenofonte, não há mais que uma ou duas alusões *en passant* ao uso do livro. Em determinado ponto, querendo verificar as citações de um filósofo anterior, Sócrates pede que lhe tragam o rótulo em questão. À parte esse caso, seu ensinamento e seu destino exemplar, da forma como nos narra Platão ou como invocam sucessores como Aristóteles, pertencem à linguagem falada. Não foram escritos nem ditados.

As razões são profundas. O cara a cara, a comunicação oral na praça pública são essenciais. O método socrático é por excelência oral e supõe um verdadeiro encontro: é indispensável que os interlocutores façam «atos de presença». Com uma arte que se pode comparar àquela de Shakespeare ou de Dickens, os diálogos platônicos colocam em cena um meio físico, aquele do discurso pronunciado. A notória feiura de Sócrates, sua extraordinária resistência tanto nos combates como nas bebedeiras, a retórica do gesto e o descanso do passeio e da *stasis*, que engendrará suas interrogações e suas meditações, encarnam (*body forth*, ou «dão corpo», para falar como Shakespeare) a dinâmica da argumentação e dos sentidos. O fascínio carismático, que atua sobre seus amantes e discípulos, e a insistência contínua para o abandono das pretensões humanas e das mentiras que causam exasperação nos seus detratores dependem daquilo que a voz e o comportamento lhe consentem, além de atitudes tipicamente excêntricas. Em lugares improváveis, quando menos se espera, Sócrates fecha-se bruscamente em uma reflexão profunda — tão indispensável à eficácia dos seus ensinamentos quanto as palavras efetivamente empregadas.

A crítica que Platão faz à escritura no *Fedro*, inserida em um mito egípcio muito conhecido (e brilhantemente retomado por Derrida), reflete sem dúvida os métodos de seu mestre, que ele provavelmente julgava paradoxais. Como sempre, a persuasão de Platão não carece de ironia. Não foi ele próprio um escritor sublime, o criador de uma obra volumosa? De todo modo, os argumentos contra a escrita apresentados na fábula são muito fortes. Talvez continuem irrefutáveis.

Há, no texto escrito, quer se trate de tábua, mármore, papiro, pergaminho, osso gravado, rótulo ou livro, certa autoridade (palavra que, na sua origem latina, contém «autor»). Só a escrita e a transmissão desse modo já implicam uma pretensão ao magistral e ao canônico. A autoridade do texto escrito é evidente nos documentos teológicos, nos códigos jurídicos, nos tratados científicos, nos manuais técnicos; e, ainda que de maneira mais sutil, até mesmo autossubversivas, nas composições cômicas ou efêmeras, está mesmo assim presente em todos os textos de natureza contratual. O autor e seu leitor são ligados por uma promessa de sentido. Em sua essência, a escrita é normativa. Ela é «prescritiva», para usar uma palavra que, pela riqueza de suas conotações e de seu significado mais profundo, solicita uma atenção particular. «Prescrever» é ordenar, antecipar e circunscrever (outra palavra densa de significado) um âmbito de ação, de interpretação, de consenso intelectual ou social. «Inscrição», «escrita», «escriba», assim como o conjunto semântico de forte energia ao qual se unem, ligam intimamente, inevitavelmente, o ato de escrever a formas de governança. A «proscrição», que é um termo afim, proclama o exílio ou a morte. Sob todos os aspectos, mesmo por trás de uma aparente ligeireza, os atos da escrita e sua consagração nos livros manifestam relações de força. O despotismo exercido por padres, pela classe política, pela lei, sobre os iletrados ou os subletrados, não é mais que a expressão exterior dessa verdade absolutamente fundamental. A autoridade implicada pelo texto, a posse e os usos dele por uma elite letrada são sinônimos de poder. Os tomos encadeados das bibliotecas monásticas medievais têm algo inquietante. A escrita capta o sentido (com são Jerônimo, o tradutor repatria o significado assim como o conquistador retorna com os prisioneiros).

Os déspotas não amam e, *a fortiori*, não lançam desafios nem aceitam contestações. Tampouco os livros. É ao escrever outro texto que nos esforçamos para questionar, refutar ou invalidar um texto. Daí a lógica inercial do comentário e do comentário ao comentário ao infinito, já prevista na sombria previsão do Eclesiastes quando diz que «a fabricação dos livros» será sem fim. (O mal-estar de Freud diante da «análise interminável» é claramente talmúdico.) Ao contrário, no conceito platônico, a discussão oral permite, ou melhor, autoriza um questionamento imediato, contra-argumentos e correções. Permite ao interlocutor corrigir suas teses, e se necessário mudá-las, à luz de uma pesquisa e uma indagação comum. A oralidade aspira à verdade, à honestidade da autocorreção, à democracia, por assim dizer, da intuição compartilhada (o «esforço comum» de F. R. Leavis). O texto escrito e o livro impedem essa possibilidade.

O segundo ponto que ilustra o mito do *Fedro* não é menos eloquente. O recurso ao escrito, ao texto «escritural», enfraquece a força da memória. O que está escrito e arquivado — os «bancos de dados», a «memória» dos nossos computadores — não precisa mais ser memorizado. Uma cultura oral se nutre da rememoração incessantemente renovada: um texto ou uma cultura do livro *autorizam* (mais uma vez o termo possui diversos significados) todo gênero de esquecimento. Essa distinção vai ao coração da identidade humana e da *civitas*. Nos casos em que a memória é dinâmica, em que é instrumento de transmissão psicológica e comunitária, a herança é atualizada, tornada presente.

A transmissão das mitologias fundadoras, dos textos por milênios sagrados, a capacidade do bardo ou do cantor de fábulas de recitar epopeias imensas sem nenhum escrito atestam a memória potencial tanto de quem recita como de quem escuta. Saber «de cor» — mostrando a força e a riqueza de sentido dessa expressão — significa ser possuído, deixar o mito, a prece, o poema se ramificarem e se expandirem em nós, modificarem, enriquecerem nossa paisagem interior enquanto percorremos nosso caminho. Por sua vez, eles se modificam e se enriquecem graças à nossa viagem pela vida. Na filosofia e na estética dos antigos, não surpreende que a memória seja a mãe das musas.

Quando o escrito ganha terreno e o livro se torna acessível, pronto para ser «consultado», os músculos da memória se atrofiam e essa grande arte cai em desuso. A educação moderna é vítima da amnésia institucionalizada, que priva o espírito infantil de toda referência vivida. Ela substitui aquilo que era decorado pelo caleidoscópio transitório do efêmero. O tempo se encontra reduzido ao instantâneo, que mesmo nos sonhos insinua uma homogeneidade preguiçosa e pré-digerida. Aquilo que não aprendemos nem sabemos de cor, dentro dos limites de nossas capacidades sempre insuficientes, não amamos verdadeiramente.

A poesia de Robert Graves nos adverte que «amar com o coração» é infinitamente superior ao simples «amor pela arte». É estar em contato ativo com a fonte do nosso ser. Os livros selam a fonte.

Em que sentido concreto Jesus era um iletrado consiste em um enigma controverso, sem possibilidade de solução. Assim como Sócrates, ele não escreveu nem publicou. A única alusão dos Evangelhos a um ato de escrita é à muito enigmática perícope de João segundo a qual Jesus, no episódio da mulher adúltera, traça palavras na areia. Em qual língua? Com qual significado? Jamais saberemos, porque ele as apagou em seguida. Sua sabedoria divinamente infusa desordena a sabedoria formal e textual do clero, dos sábios do templo. Ele ensina por parábolas, cuja concisão extrema e cuja maneira lapidar tornam fáceis a memorização e a recordação. Que Jesus não tenha jamais tido nenhuma relação com a escrita a não ser a da inscrição fixada na cruz para depreciá-lo é uma trágica ironia. Em todos os demais aspectos, o mestre da Galileia é um homem de palavras, uma encarnação do verbo (*logos*), cujas doutrinas e provas são primeiramente aquelas do existencial, de uma vida e de uma paixão escritas não em um texto, mas em ação. E dirigindo-se não mais a leitores, mas a imitadores, a testemunhas («mártires») também iletradas em sua maioria.

O judaísmo da Torá e do Talmude e o islã do Corão são inevitavelmente «livrescos». A encarnação do cristianismo na pessoa do nazareno procede da oralidade, e é nela que é proclamada.

Mas essa dissociação e essas polaridades prevalecem desde os primórdios, ou quase, no cristianismo judaico ou na cristandade. Fazem parte da dialética da «letra e do espírito» que representa o centro do nosso discurso.

Não sabemos quase nada dos motivos e das pressões comunitárias que produziram as narrações de Jesus nos Evangelhos. Seriam o resultado de um ímpeto profundamente hebraico em direção à aura sagrada e legislativa da textualidade? De uma compulsão praticamente instintiva a aumentar ou a suspender o cânone existente das escrituras judias, ainda difuso, local e aberto? Não nos é dado saber, e na minha opinião nem sempre expressamos o absoluto maravilhamento que merece o projeto evangélico por sua originalidade e seu caráter sem precedente (os Evangelhos não parecem com nenhuma vida de sábio anterior ou contemporâneo, nem com as biografias de Plutarco ou de Diógenes Laércio). Na verdade, a genialidade não linear dos Evangelhos sinópticos parece derivar de uma extrema tensão entre uma oralidade substantiva e uma escrita performativa. Sua irritante provocação se deve em boa medida à transmissão estenográfica da palavra por meio de uma narração escrita, concebida e redigida apressadamente, à luz de esperanças escatológicas, apocalípticas, de um fim de mundo iminente, e na crença, talvez inconsciente, de que já não haveria tempo para cultivar e afinar a memória oral.

A passagem ao «gráfico», a entrada no perímetro do livro, se dá no helenismo, nos acentos neoplatônicos do quarto Evangelho, com seu jogo estilístico extremamente sofisticado (como na ode ou no hino de abertura), e, sobretudo, em são Paulo. E não apenas porque Paulo de Tarso foi, muito provavelmente, o assessor de imprensa e o maior virtuose das relações públicas de que se tem notícia; também foi um dos três grandes escritores da tradição ocidental. Suas epístolas são consideradas obras-primas perenes da retórica, da alegoria estratégica, do paradoxo e da dor pungente de toda a literatura. O simples fato de são Paulo citar Eurípides atesta um *bookman*, um homem do livro praticamente à antípoda do nazareno que ele metamorfoseia em Cristo. São muito raras na história as figuras que rivalizaram com a soberania paulina em matéria de propaganda — pensamos em Marx e Lênin —, no sentido instrumental e etimológico de propagação didática, ou em sua intuição de que textos escritos transformariam a condição humana. Assim como Horácio e Ovídio — *grosso modo* seus contemporâneos —, Paulo está convencido de que as suas palavras, em sua forma escrita, publicadas e republicadas, vão durar mais do que o bronze, continuarão a ecoar nos ouvidos e no espírito dos homens quando o mármore tiver se tornado pó. É dessa convicção, com seus antecedentes hebraico-helenísticos, que tomarão corpo as imagens majestosas, as metáforas vivas, do Apocalipse com seus sete selos, do Livro da Vida, tal como o encontramos em João de Patmos e em toda a escatologia cristã. Também não estamos distantes dos antípodas da oralidade de Jesus e do contexto pré-letrado dos primeiros discípulos. Não existiam bibliotecas em Nazaré, nem nas margens do mar da Galileia.

A cristologia paulina conflui no catolicismo romano, com seu majestoso armamento de doutrina e exegese cristãs, com o imenso *corpus* dos escritos patrísticos, as obras dos padres e dos doutores da Igreja, o gênio literário de santo Agostinho e a Suma, justamente denominada assim, de Tomás de Aquino. Mas as tensões iniciais entre «a letra e o espírito», entre os *scriptoria* monásticos aos quais devemos em grande parte a sobrevivência dos clássicos, de um lado, e a preferência pela oralidade, por aquilo que não são letras, do outro, continuaram eternas.

Com algumas raras exceções, os Padres do Deserto, ascetas da Igreja primitiva, abominavam os livros e o saber livresco. A incessante prática religiosa e a circularidade da oração, a humilhação da carne, a disciplina da meditação não dão margem ao luxo da leitura, considerando-a um ato subversivo. O que teria feito de uma biblioteca o estilita, o miserável habitante das grutas das margens do Jordão ou da Capadócia? Essa corrente de oralidade penitencial e profética será representada em numerosas ocasiões, ainda que frequentemente disfarçada, na longa história da prática e da apologética cristãs. Ela se encontra na iconoclastia de um Savonarola e, de maneira obsessiva, nas renúncias de Pascal com sua profunda desconfiança em relação a Montaigne, a própria encarnação do saber livresco.

Mas o essencial, todavia, é na atitude profundamente ambivalente de Roma em relação às Sagradas Escrituras fora do âmbito de uma elite autorizada. Por muitos séculos, a leitura da Bíblia pelos profanos foi severamente desencorajada e, inúmeras vezes, julgada herética. O Antigo e o Novo Testamentos, com suas inumeráveis opacidades, contradições e mistérios recalcitrantes, não deveriam estar acessíveis apenas às pessoas qualificadas pelos estudos teológicos e pela hermenêutica ortodoxa. Se existe uma profunda diferença entre a sensibilidade católica e a protestante, ela se encontra precisamente nas respectivas atitudes em relação à leitura da Bíblia: absolutamente central para o protestantismo (apesar das inquietudes ocasionais de Lutero), mas ainda estranha à sensibilidade católica. A aliança entre a imprensa e a Reforma se baseia, na verdade, em uma intensa proximidade: uma e outra se reforçam mutuamente. A novidade da contribuição de Gutenberg aumentou a apreensão da Igreja católica. A censura dos livros (voltarei à questão sucessivamente), a sua destruição material, é um contínuo na história do catolicismo romano. Ainda que atenuados, o *imprimatur* e o *Index* das obras proibidas ainda fazem parte de nossa história. Não passou tanto tempo desde que os diálogos de Galileu foram retirados desse catálogo dos pecados. Salvo engano de minha parte, o *Tractatus* de Espinosa ainda está no *Index*.

A formação das grandes bibliotecas reais e universitárias — os mil manuscritos que Carlos V cedeu ao Louvre, a doação de duque Humphrey à Bodleian Library ou ainda a da Universidade de Bolonha — data do fim da Idade Média. As coleções ducais, os gabinetes dos livros dos eclesiásticos e dos humanistas floresceram na Itália do século XV. Não obstante, é com a formação de uma classe média, de uma burguesia privilegiada e educada em toda a Europa Ocidental, que a era do livro e o ato clássico da leitura atingem seu apogeu.

Esse ato, junto com o âmbito ancilar do livreiro, do editor e do compilador, pressupõe uma série de circunstâncias que estão longe de serem evidentes. É possível vê-las em ação em locais emblemáticos como a torre-biblioteca de Montaigne, a «livraria» de Montesquieu em La Brède, aquilo que sabemos da biblioteca de Walpole em Strawberry Hill, ou da de Thomas Jefferson em Monticello. Os leitores possuem agora, a título privado, seus instrumentos de leitura, livros não mais circunscritos a uma dimensão pública ou oficial. Essa posse exige, por sua vez, um espaço reservado, um cômodo revestido de estantes, com dicionários e obras de referência que possibilitam uma leitura séria (como observou Adorno, a música de câmara supõe a existência de «câmaras», na maioria das vezes em residências privadas).

À medida que a civilização urbana e industrial afirma seu domínio, o nível de ruído assiste a um crescimento exponencial que, hoje, beira a loucura. Para os privilegiados, no ato e na época clássica da leitura, o silêncio continua disponível, ainda que tenha se tornando um bem cada vez mais raro. Montaigne certifica-se de que mesmo seus familiares mais próximos sejam mantidos à distância do seu santuário livresco. São necessários criados para retirar a poeira e olear as dobradiças dessas ricas bibliotecas privadas. Sobretudo, tem-se tempo para ler. Os «biguás de biblioteca», para retomar a imagem eficaz de Lamb, os *sirs* Thomas Browne, os Montaigne ou os Gibbon passam seus dias e noites debruçados em suas monumentais leituras. Acaso haverá algo que Coleridge ou Humboldt não terão lido, anotado, enriquecido com abundante marginália, tendo chegado frequentemente a compor um segundo livro nas margens, adicionado às notas de rodapé do primeiro? Quando exatamente dormia Macaulay?

A erupção da barbárie e dos àpetites sanguinários, na Europa e na Rússia do século XX, amputaram e minaram essas coordenadas vitais. O aumento de grandes bibliotecas privadas tornou-se o passatempo de um pequeno grupo, o dos mecenas. Os espaços nos quais vivemos diminuem (nos dias de hoje, os móveis para colocar discos, pilhas de CDs ou fitas cassete tomaram o lugar da biblioteca, principalmente entre os jovens). O silêncio se tornou um luxo. Somente os mais afortunados podem escapar à intrusão do pandemônio tecnológico. A noção de serviçais, a ideia do mordomo ou da faxineira que tira a poeira dos tomos nas estantes da biblioteca até o último volume é considerada uma nostalgia um pouco suspeita. Como Hegel e Kierkegaard foram os primeiros a observar, o tempo se acelerou fantasticamente. O prazer concentrado necessário para uma leitura séria, silenciosa, responsável, se tornou privilégio, apanágio especializado, praticamente técnico, da universidade, do pesquisador. (Até há pouco tempo, no Reino Unido, homens e mulheres liam livros sérios enquanto iam para o trabalho, sentados ou em pé dentro do metrô superlotado. A tirania do toque do celular está conduzindo rapidamente ao fim essa tradição arcaica.) Mata-se o tempo, em vez de aproveitar o momento consigo mesmo. É muito mais fácil ler resumos do que livros.

Mas, mesmo durante o apogeu do livro, entre Erasmo lançando um grito de triunfo ao pegar um pedaço de papel impresso em uma ruela inundada e a catástrofe das duas guerras mundiais, houve desafios, dissensos e significativos dissídios. Nem todos os moralistas, críticos sociais e mesmo escritores estavam prontos para aceitar que os livros, seguindo o moto memorável de Milton, eram o insubstituível «sangue dos grandes espíritos». Duas correntes de negação, parcialmente subterrâneas, merecem que nos concentremos nelas.

Eu denominaria a primeira «pastoralismo radical». Pode-se reconhecê-la em Rousseau e na pedagogia utópica de *Emílio*, nas palavras de Goethe, quando constata que a árvore do pensamento e do estudo é eternamente cinza, e que a da vida ativa e do impulso vital é verde. Um mesmo pastoralismo inspira Wordsworth quando ele afirma que o «impulso de um bosque primaveril» tem mais vitalidade que a soma inteira do saber livresco. Por mais eloquentes e instrutivos que sejam, o saber acumulado nos livros e a leitura são de segunda mão, parasitando o imediatismo. Um culto da experiência pessoal habita o romantismo, assim como o vitalismo de Emerson. E não é possível delegar essa experiência à passividade da fantasia, do puramente conceituado. Deixar que os livros vivam nossas vidas, totalmente ou em parte, é renunciar ao mesmo tempo aos riscos e ao êxtase. Em última análise, a escrita é essencialmente artifício. O pastoralismo radical aspira a uma política de autenticidade, à nudez do eu. Centelhas de visão ardente, tão desesperadas como próximas, irrompem, por assim dizer, da bigorna de William Blake, com sua ideia de um saber satânico, de Thoreau e de D. H. Lawrence. «Fui a uma tipografia no inferno», diz Blake, «e vi de que maneira o conhecimento se transmite de geração em geração.» O sexto capítulo do «Inferno» é povoado por criaturas espectrais e anônimas, que «assumiram a forma dos livros e foram colocadas nas bibliotecas».

O segundo impulso de subversão do livro apresenta afinidades com o pastoralismo radical, mas se liga igualmente ao ascetismo iconoclasta dos Padres do Deserto. Como podem os livros ser de alguma utilidade àquela humanidade simples que sofre? Alguma vez alimentaram os famintos? Essa é a questão formulada com raiva por certos niilistas e revolucionários anárquicos nos fins do século XIX, especialmente na Rússia tsarista. O preço colocado em um manuscrito raro, em uma primeira edição (tendência que virou febre em nossos dias), esquecendo as necessidades humanas e a indigência, é obsceno aos olhos dos niilistas.

O grito de revolta de um Pisarev é estridente: «Para o homem ordinário, um par de botas vale muito mais do que as obras completas de Shakespeare ou Púchkin». A questão atormentava o velho Tolstói.

Radicalizando o paradoxo de Rousseau, ele julga deletérias a alta cultura e as belas-artes. Elas destruíram a espontaneidade, o fundamento moral dos homens, reforçando o elitismo, a obediência à autoridade terrena, um sistema educacional baseado na mentira e os vícios da frivolidade. «Um espírito honesto», brada Tolstói, repudiando sua própria ficção, «não necessita de mais que uma versão simplificada dos Evangelhos, um breviário do essencial vertido em um *imitatio Christi*.» Tolstói sabe perfeitamente que a escrita não tomava parte no ensinamento de Jesus, e se regozijava com isso.

Na Rússia, os poetas futuristas e leninistas conclamavam que se queimassem as bibliotecas — quando a linha oficial, naturalmente, era aquela de uma conservação cuidadosa. A incessante acumulação de livros, sendo as grandes bibliotecas seu santuário, representa o peso morto, mas venenoso, infeccioso, de um passado que acorrenta a imaginação e a inteligência àquilo que já foi. Atravessando essas estantes labirínticas, esses depósitos de livros onde os volumes contam-se em milhões, a alma se endurece a ponto de cair em uma insignificância desesperadora. O que mais se pode dizer? Como poderia um escritor rivalizar com a canonização marmórea dos clássicos? Tudo aquilo que seria possível imaginar, pensar ou dizer já não teria sido? Como se pode escrever a palavra «tragédia» em uma página em branco, perguntava-se um Keats desolado, quando temos um *Hamlet* ou *Rei Lear* antes de nós?

Se a função primordial, sendo a revolução a expressão exterior, é aquela de um renascimento essencial, de uma renovação da consciência, se o pensador, o escritor, deve precisamente *make it new*, «começar de novo», seguindo a famosa injunção de Ezra Pound, é preciso se livrar do peso magistral, opressor, do passado cultural. Deixemos perecer as montanhas de tratados e teses quando o Instituto de Arquitetura desaparecer nas chamas purificadoras (*Voznesesnski*).

Que as pandectas, as enciclopédias, as *opera omnia* em línguas mortas sejam reduzidas a cinzas. Somente sob essa condição o pensador revolucionário, o futurista ou o bardo expressionista podem se fazer entender. Ou o poeta pode esperar criar línguas novas, a «língua estelar» de Khlébnikov, ou a «língua ao norte do futuro» de Paul Celan. São bacanais; é um programa praticamente desesperado, e nisso está sua lógica auroral.

Sempre existiram entre nós dissidentes, inimigos do livro. Os homens e as mulheres do livro, os *bookmen* e *bookwomen*, se me é permitido ampliar essa civil categoria vitoriana, raras vezes gastaram tempo considerando a fragilidade da própria paixão.

Em 1821, na Alemanha, comentando uma ondada de autos de fé, Heine observa: «Onde se queimam livros, acabam-se queimando pessoas». É uma constante ao longo da história que livros sejam jogados no fogo. Muitos foram danificados para sempre. Recentemente, cerca de dezesseis mil incunábulos e manuscritos iluminados, que não haviam sido jamais reproduzidos, pereceram no incêndio da biblioteca de Saravejo. Os fundamentalistas mais aguerridos são, instintivamente, queimadores de livros. Por exemplo, os muçulmanos que conquistaram Alexandria teriam declarado, ao botar fogo na lendária biblioteca: «Se ela contém o Corão, temos outras cópias; de resto, não vale a pena conservá-la». Nem mesmo uma cópia da Bíblia dos albigenses chegou até nós, tampouco uma do grande tratado antitrinitário de Miguel Servet, que Calvino decretou que fosse queimado publicamente. Os manuscritos, os datiloscritos dos mestres modernos são ainda mais vulneráveis. Acuado pelas ameaças stalinistas, Bakhtin transformou as páginas de seu tratado estético em papel para cigarro, que estava então cruelmente em falta. Assustada ante a ideia de ferir tabus sexuais, a noiva de Büchner queimou o manuscrito do seu *Aretino* (provavelmente a obra-prima daquele que com vinte e poucos anos tinha já escrito *A morte de Danton* e *Woyzeck*).

Existem todavia execuções mais lentas, menos espetaculares. A censura é tão antiga e onipresente como a própria escrita. Ela acompanhou o catolicismo romano ao longo de toda a sua história. Da Roma de Augusto aos regimes totalitários atuais, caracterizou todas as tiranias. É absolutamente impossível avaliar a imensidão dos textos assim castrados, expurgados, falsificados ou decididamente reduzidos ao silêncio.

Mas nossas ditas democracias também não são inocentes. Clássicos e obras de literatura contemporânea foram retirados das estantes e das bibliotecas públicas ou escolares em nome de um «politicamente correto» tão pueril quanto degradante. Na África do Sul, algumas pessoas querem retirar de circulação determinados romances de Nadine Gordimer, temendo que seus leitores negros desconfiem de certa condescendência por trás de suas conclusões lúcidas e humanas. Em boa parte do mundo moderno, na

China, na Índia, no Paquistão, em todos os lugares onde prevalece a herança espectral do fascismo e do stalinismo, nos Estados mais ou menos policialescos, nas teocracias do islã e, por vezes, na América Latina, livros são censurados, seus autores são jogados nas prisões e fátuas são lançadas.

Duas considerações completam esse quadro sinistro. As relações entre a censura e a criatividade de primeira ordem podem revelar-se estranhamente frutíferas. O milagre literário elisabetano, aquele da França de Luís XIV, a história gloriosa da poesia e da ficção russas de Púchkin a Pasternak e Bródski parecem estar ligados, de maneiras dialéticas complexas, às pressões e ameaças concomitantes da censura. O que é subversivo em toda a grande literatura é o que diz «não» à barbárie, à estupidez, à banalização dos nossos trabalhos e dos nossos dias pela ética consumista do capitalismo tardio, e que sempre floresceu direcionando a própria energia contra a censura e a opressão. «Espremam-nos», dizia Joyce a propósito da censura católica. «Nós somos de azeitona.» «A censura é a mãe da metáfora», murmurava Borges. Quando o aparelho repressivo cede diante dos valores dos veículos de massa, triunfa a quinquilharia.

A segunda nota de rodapé é mais problemática. Precisamente porque a literatura, a filosofia e a crítica, no sentido amplo do termo, são capazes de transformar nossa conduta interior e exterior, podendo nos depravar, empobrecer nossa consciência, corromper as imagens do desejo que carregamos conosco. A exposição e a difusão de ideologias racistas, por exemplo, do sadismo erótico e da pedofilia podem incitar ao mimetismo. As provas disso são esmagadoras, ainda que seja difícil quantificar. A inundação de nossas bancas, de nossos centros comerciais e da internet por uma pornografia de um sadismo quase inimaginável lançam desafios fundamentais à total liberdade de expressão e de comunicação. O orgulhoso ideal miltoniano da derrota segura do falso pelo verdadeiro se o embate é às claras, sem nenhuma censura, pertence a um mundo diferente do nosso. *Os protocolos dos sábios de Sião* podem ser comprados nas bancas do Japão. De Varsóvia a Buenos Aires, publicam-se panfletos que negam a existência dos campos de extermínio nazistas e a Shoá; não é difícil achá-los. Não seria assim racionalmente justificável alguma forma de censura? Não tenho a resposta, mas o escapismo liberal me parece um pouco complicado.

A revolução da eletrônica, o advento planetário do tratamento do texto, do cálculo eletrônico, da interface, representam uma mutação potencial não comparável à época de Gutenberg. O que se chama de realidade virtual pode alterar a rotina da consciência. Bancos de dados de uma capacidade incalculável substituem os labirintos ainda incontroláveis de nossas bibliotecas por um punhado de microchips. Quais serão os efeitos sobre o ato da leitura, sobre a função dos livros da forma como aprendemos a conhecê-los e amá-los? A questão é ampla e calorosamente debatida. Até o momento, algumas experiências representativas revelaram-se notoriamente pouco conclusivas. As trocas entre escritores e seus leitores em uma dinâmica de colaboração aberta e aleatória (John Updike, por exemplo, se prestou ao jogo) engendraram um entretenimento efêmero. Os tradutores automáticos são ainda muito primitivos e completamente incapazes de dar vida à pluralidade semântica integrada do sentido e dos parâmetros contextuais presente nas línguas naturais e, *a fortiori*, literárias. A digitalização de materiais manuscritos e impressos tem sido espetacular pela sua quantidade e acessibilidade (logo teremos sessenta milhões de volumes apenas na Biblioteca do Congresso dos Estados Unidos). Transformou literalmente as técnicas de pesquisa, de colaboração técnica e científica, de ilustração. Dando crédito ao diretor da Biblioteca do Congresso, somente as «belas-artes», somente os textos que aspiram a um status literário serão no futuro publicados na forma de livros, crescendo assim ainda mais o abismo entre aquilo que De Quincey chamava de «literatura do saber» e a «literatura do poder». Já agora existem editores que publicam livros cujas notas se encontram apenas na internet (a Penguin decidiu fazê-lo).

Por outro lado, nada leva a crer que serão publicados menos livros na forma tradicional.

Pelo contrário. Na verdade, é a variedade quase demencial de novos títulos — 121 mil no Reino Unido ano passado — que pode representar a maior ameaça para a leitura séria, para a sobrevivência das livrarias com títulos de qualidade e espaço suficiente para um depósito, para atender aos diversos interesses e às necessidades das minorias. Em Londres, um primeiro romance que não obtenha uma notoriedade imediata ou não seja aclamado pela crítica será devolvido ao editor ou vendido com desconto no prazo de vinte dias. O fato simples é que já não há espaço para aquele milagre que é o prazer da descoberta, a espera, a qual tantas grandes obras devem a própria sobrevivência.

Está longe de ser evidente que o uso de telas tornará facilmente obsoleta a leitura tradicional. Com o tempo o impacto será mais forte. Existem estudos que mostram que crianças imersas na televisão e na internet relutam em ler da maneira tradicional, admitindo que sejam capazes de fazê-lo. No momento em que as artes da memória, a ginástica da concentração, os espaços de silêncio disponíveis se deterioram — estima-se que 80% dos adolescentes americanos não conseguem ler sem escutar música —, o lugar da leitura na civilização ocidental está destinado a mudar. É possível (e nessa perspectiva não há nada de assustador) que o tipo de leitura que me esforcei para delinear e que eu chamaria de «clássica» se torne uma paixão de certa forma especializada, ensinada e praticada nos «clubes de leitura», que volte a ser aquilo que foi para Aqiva e seus discípulos após a destruição do Templo, ou nas escolas e nos refeitórios monásticos da Idade Média. Uma forma de leitura que culmina, exatamente, nesse exercício de agradecimento, nessa música do espírito, no fato de aprender de cor (notem o feliz paradoxo de *cordialidade*, que contém a palavra coração). É muito cedo para se pronunciar. O período que atravessamos é de transição, mais rápido, mais difícil de «ler» que qualquer outro precedente.

Permitam-me concluir com uma nota pessoal.

As bestialidades do nazismo, da forma como foram preparadas, organizadas e executadas na Europa do século XX, foram perpetradas no centro da cultura. Em nenhum outro país a vida intelectual, a produção e a inteligência dos livros, a cultura humanística nas universidades e no grande público foram tão honradas e encorajadas como na Alemanha. Em nenhum momento, as forças da cultura e da recepção humanísticas impediram o triunfo da barbárie. Pesquisas de primeira grandeza foram levadas adiante sob o Reich, na filologia, na história antiga e medieval, na história da arte, em musicologia. Como disse Gadamer, recorrendo a uma expressão realmente assustadora, era suficiente comportar-se com *manierlich* (ter boas maneiras e respeitar as convenções) em relação ao regime nazista para ter uma carreira brilhante de professor e continuar estudando os clássicos. A única indispensável precaução era não cometer a indiscrição de ser judeu! Um dos filósofos mais originais e influentes do pensamento ocidental produziu textos fundamentais durante toda a guerra. A história dessa coexistência amigável entre a inumanidade sistemática e a indiferença ou a simpatia capaz de criar a grande cultura ainda não foi esclarecida. Além disso, vai muito além da Alemanha nazista. Paris sob a ocupação assistiu à publicação de livros e obras que estão entre as mais importantes da literatura francesa moderna.

O escândalo não é apenas o da coexistência. O gênio literário e filosófico flertou com a escuridão do homem, dando-lhe ouvido e apoio. Não é possível dissociar o evidente esplendor das obras de Pound, Claude ou Céline de suas escolhas políticas infernais. Ainda que complicada, por diferentes razões, ainda que «privada», a relação de Heidegger com o nazismo e seu silêncio oportunista depois de 1945 possuem algo de aterrorizante. Assim como o apoio ativo de Sartre ao comunismo soviético mesmo após a revelação dos campos de detenção ou das violências infligidas aos escritores e aos intelectuais da China maoista ou da Cuba de Castro. «Todo anticomunista é um cão, e ninguém me fará mudar de ideia», proclamou um dos grandes espíritos da época.

O clero intelectual, os estudiosos, os ratos de biblioteca não são formados para o heroísmo. Com honrosas exceções, a categoria se acomoda sem grande coragem na tempestade do macartismo — muito menos perigoso que qualquer totalitarismo fascista ou stalinista. Com raras exceções, a chantagem do «politicamente correto» suscitou pouca resistência, pouca *dignitas* entre os universitários. Numerosos são aqueles que acompanharam a matilha. E, como resultado, foram devorados.

Mas são, em todo caso, fenômenos superficiais, modelos de comportamento. O essencial está bem mais profundo.

Depois de quase meio século de ensino e de escrita, de uma vida de leituras e releituras contínuas (ainda não havia completado seis anos quando meu pai me iniciou na música de Homero, nos adeuses de João de Gante em *Ricardo II*, na poesia de Heine), uma hipótese psicológica me assombra — não há outra palavra.

Não é mais do que uma hipótese, insisto, e, *Deo volente*, uma hipótese equivocada.

A influência do imaginário, das «ficções supremas», como diz Wallace Stevens, na consciência humana é hipnótica. O imaginário e a abstração conceitual podem invadir a morada da nossa sensibilidade a ponto de obcecá-la. Ninguém forneceu uma explicação satisfatória sobre a gênese do personagem de ficção no espírito do autor a partir dos rabiscos que ele traça com seu lápis em uma folha de papel. Pois bem, esse personagem pode encarnar uma força vital, possuir uma capacidade de resistência ao tempo e ao esquecimento bem superior àquela de qualquer outro ser humano. Quem entre nós possui uma fração que seja da vitalidade, da «presença real», que emana do Ulisses de Homero, de Falstaff, de Tom Sawyer? Balzac, no leito de morte, apela aos médicos que havia inventado em sua *Comédia humana*. Shelley professa que nenhum homem capaz de amar a Antígona de Sófocles sentirá uma paixão semelhante por uma mulher de carne e osso. Flaubert se vê morrer como um cachorro, enquanto «aquela meretriz» da Emma Bovary viverá eternamente.

Após ter dedicado horas, dias, semanas lendo, aprendendo, decorando, explicando para nós mesmos ou para outros uma ode transcendente de Horácio, um canto do «Inferno», o terceiro e o quarto atos de *Rei Lear*, as páginas sobre a morte de Bergotte no romance de Proust, retornamos ao nosso árido universo doméstico. Mas permanecemos possuídos. Na rua, um grito distante. Mal o escutamos. Ele atesta uma desordem, uma realidade contingente, vulgarmente transitória, sem relação com nossa consciência de possuídos. O que é esse grito na rua comparado ao grito de Lear contra Cordélia, ou de Ahab para o demônio branco? Em um mundo de monotonia, asséptico, condicionado, milhares, centenas de milhares de seres humanos morrem todos os dias nas telas de televisão. A destruição de distantes estátuas por fanáticos afegãos enfurecidos ou a mutilação de uma obra--prima em um museu tocam o fundo de nossa alma. O sábio, o verdadeiro leitor, o escritor, está saturado da terrível intensidade da ficção, é formado para responder ao mais alto grau de identificação com o textual, com o fictício. Essa formação, esse enfoque nas terminações nervosas e nos órgãos de empatia — cujo alcance não é jamais ilimitado — pode mutilá-lo, separá-lo daquilo que Freud chamava de «princípio da realidade».

É nesse sentido paradoxal que o culto e a prática das humanidades, da bibliofilia e do estudo podem chegar a desumanizar. E, por causa disso, talvez nos seja mais difícil responder ativamente à realidade intensa das circunstâncias políticas e sociais, e nos engajar plenamente. Há um sopro glacial de inumanidade na torre de Montaigne, nas palavras com que Yeats nos exorta a escolher entre a perfeição da vida e a da obra, no comportamento de um Wagner convencido de que é inútil reembolsar aqueles que o haviam ajudado quando estava em dificuldade, porque as notas de rodapé em sua biografia iam torná-los imortais.

Como eu, que sou um professor, para quem a literatura, a filosofia, a música e as artes são a matéria da vida, posso traduzir essa necessidade em consciência moral concreta da necessidade humana, da injustiça que contribui tão fortemente para a alta cultura? As torres que nos isolam são bem mais coriáceas que o marfim. Não conheço nenhuma resposta convincente.

Somos chamados a encontrá-la. Se desejamos ter o privilégio das nossas paixões, se desejamos segurar em nossas mãos a maravilha de um novo livro — «*Cui dono lepidum novum libellum?*», pergunta Catulo —, se queremos tomar parte, ainda que modestamente, do orgulho desencantado de sua prece: «*quod o patrona virgo/plus uno maneat peremno saeculo*».

Biblioteca Âyiné

1. Por que o liberalismo fracassou?
   Patrick J. Deneen
2. Contra o ódio
   Carolin Emcke
3. Reflexões sobre as causas da liberdade e da opressão social
   Simone Weil
4. Onde foram parar os intelectuais?
   Enzo Traverso
5. A língua de Trump
   Bérengère Viennot
6. O liberalismo em retirada
   Edward Luce
7. A voz da educação liberal
   Michael Oakeshott
8. Pela supressão dos partidos políticos
   Simone Weil
9. Direita e esquerda na literatura
   Alfonso Berardinelli
10. Diagnóstico e destino
    Vittorio Lingiardi
11. A piada judaica
    Devorah Baum
12. A política do impossível
    Stig Dagerman
13. Confissões de um herético
    Roger Scruton
14. Contra Sainte-Beuve
    Marcel Proust
15. Pró ou contra a bomba atômica
    Elsa Morante
16. Que paraíso é esse?
    Francesca Borri
17. Sobre a França
    Emil Cioran
18. A matemática é política
    Chiara Valerio
19. Em defesa do fervor
    Adam Zagajewski
20. Aqueles que queimam livros
    George Steiner
21. Instruções para se tornar um fascista
    Michela Murgia
22. Ler e escrever
    V. S. Naipaul

Composto em Baskerville e Helvetica
Belo Horizonte, 2022